I0769910

VIVE

Sé feliz

Y NUNCA DEJES DE

SOÑAR

ISBN-13: 978-1981247813

ISBN-10: 1981247815

Libreta de Notas «Vive, Sé Feliz y Nunca Dejes de Soñar

©A.G. Keller

Todos los derechos reservados

1ª Edición: Febrero 2018

Diseño de Portada: Ediciones K.

Libreta de notas diseñada con frases de mis obras, en la que puedes darle rienda suelta a tu imaginación.

Con todo mi cariño he diseñado esta libreta de notas para que le den rienda suelta a su imaginación, en ella he incluido algunas frases de mis historias... mis favoritas.

Recuerden que la vida está hecha para vivirla, ser felices y nunca dejar de soñar.

XOXO

A.G.Keller

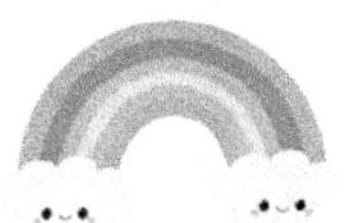

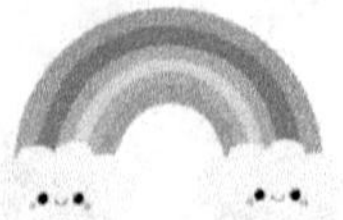

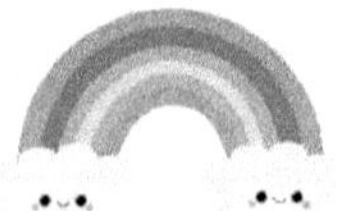

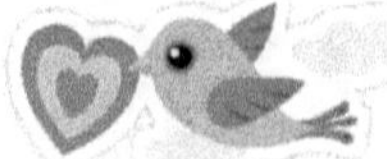

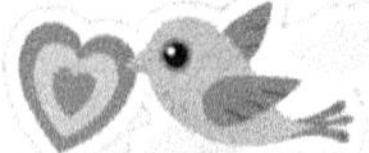

"Me perdí en su mirada, en esos ojos que me hacían olvidarme de todo. Las palabras quedaron atoradas en mi garganta, la expectativa a lo que sucedería era más fuerte que yo."

Mía Watts

VIVE
Sé feliz
Y NUNCA DEJES DE
SOÑAR

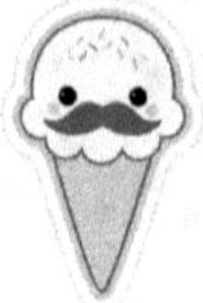

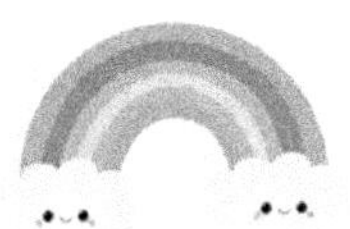

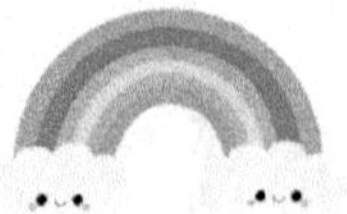

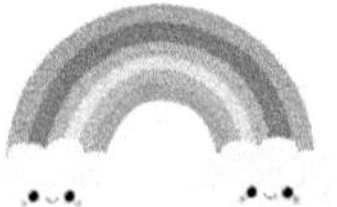

xoxo

xoxo

" *Eres más de lo que merezco, eres eso que no puedo dejar de ver y sentir, eres simplemente impresionante.*"

Max Duncan

VIVE

Sé feliz

Y NUNCA DEJES DE

SOÑAR

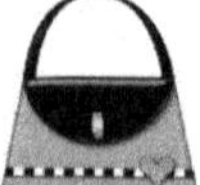

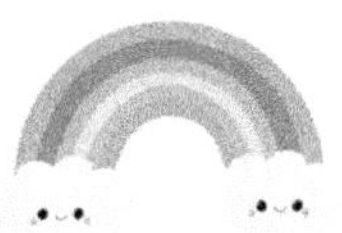

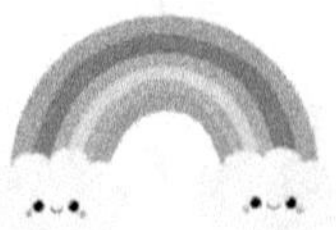

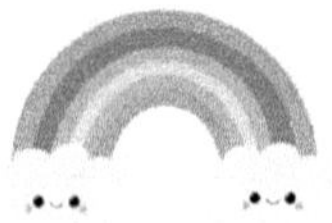

" Él es el amor de mi vida, ese amor tan bonito y tan intenso que me llena completa, que me hace vibrar con solo mirarme, con solo tocarme, con que tan solo esté cerca de mí."

Allison Lowen

VIVE
Sé feliz
Y NUNCA DEJES DE
SOÑAR

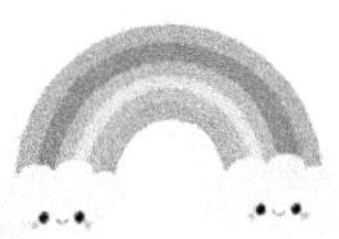

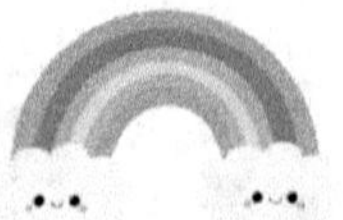

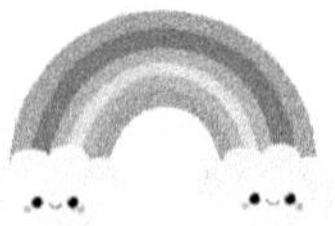

"Pegó su rostro a mi pecho y no pude evitar que los latidos de mi corazón se descontrolaran al rodearla con mis brazos. El contacto de su piel con la mía era una combinación explosiva."

Trevor Cox

VIVE
Sé feliz
Y NUNCA DEJES DE
SOÑAR

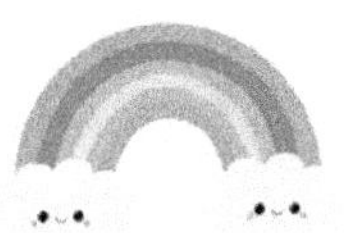

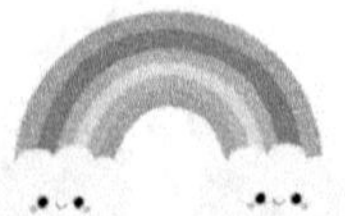

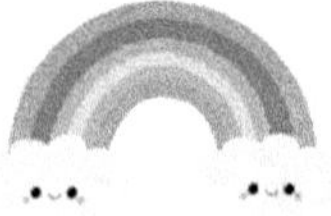

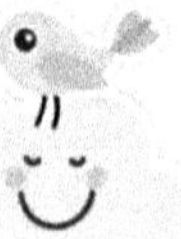

"*Trevor es ese amigo del que no te quieres desprender, ese que se vuelve parte de tu vida como si fuera una necesidad.*"

Kameron Payne

VIVE
Sé feliz
Y NUNCA DEJES DE
SOÑAR

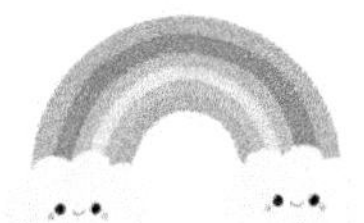

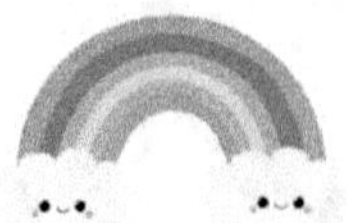

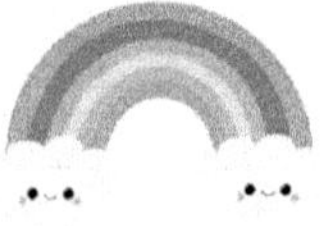

xoxo

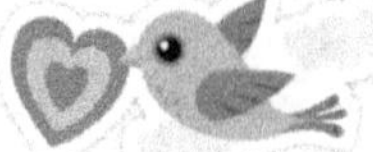

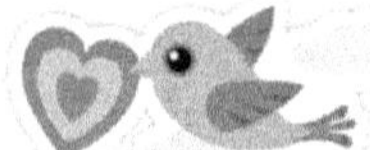

"La adoraba como un loco y la quería como ser humano, como artista, como amiga... como todo lo que nunca llegaríamos a ser."

Trevor Cox

VIVE
Sé feliz
Y NUNCA DEJES DE
SOÑAR

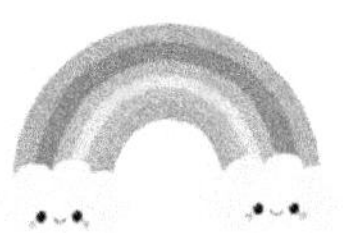

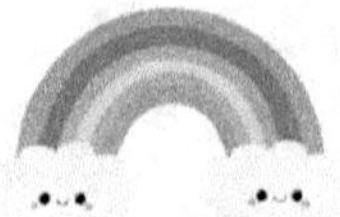

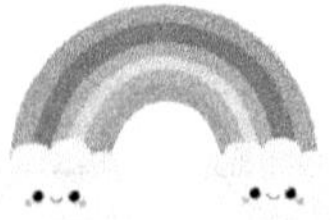

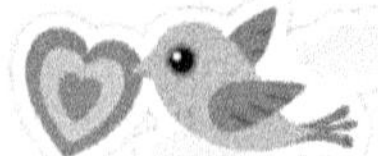

"Ella era mi cura, ella era mi fuerza y por ella haría lo que fuera necesario para mantenerla feliz."

Max Duncan

VIVE

Sé feliz

Y NUNCA DEJES DE

SOÑAR

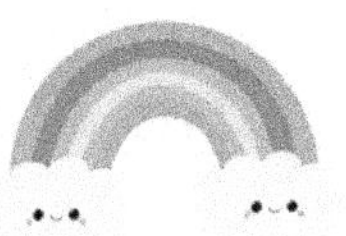

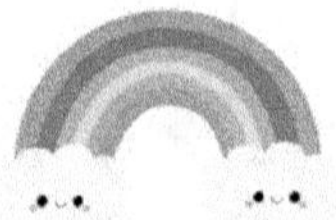

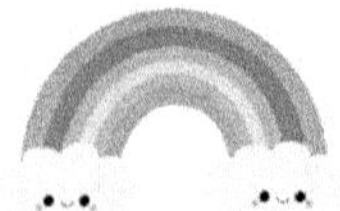

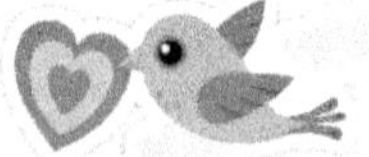

"Desde el día que nos conocimos surgió una atracción tan fuerte que con el paso del tiempo se transformó en amor puro y verdadero. Ese que te enseña que no estamos solos, que si existe esa otra mitad que te completa y te hace ser mejor persona."

Allison Lowen

VIVE

Sé feliz

Y NUNCA DEJES DE

SOÑAR

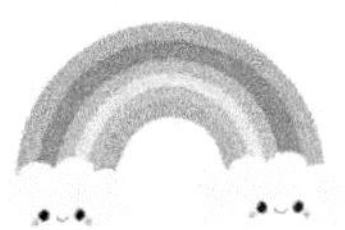

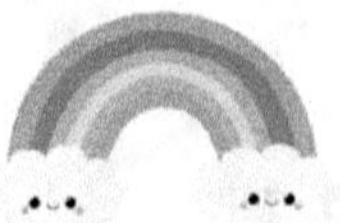

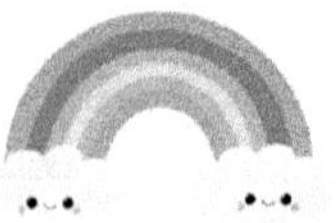

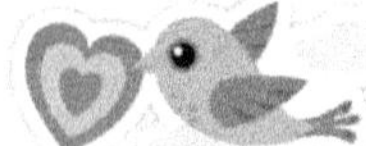

9 781981 247813